AF264178

LA

LETTRE IMPÉRIALE

ET LA SITUATION

PARIS — IMP. SIMON RAÇON ET COMP., RUE D'ERFURTH, 1

LA

LETTRE IMPÉRIALE

ET LA SITUATION

PAR

M. ALBERT DE BROGLIE

Extrait du CORRESPONDANT du 25 Janvier 1860

PARIS

CHARLES DOUNIOL, LIBRAIRE-ÉDITEUR
RUE DE TOURNON, 29

1860

LA
LETTRE IMPÉRIALE

ET LA SITUATION

Le jour s'est fait depuis un mois sur le nuage qui couvrait encore, au moment où le dernier *Correspondant* sortait des presses, la situation réciproque de la France et du saint-siége : nous n'avions devant nous alors qu'une brochure d'origine inconnue ; nous rencontrons aujourd'hui une lettre impériale. Tant de lumière succédant à tant d'ombre est bien faite pour éblouir les regards : hier la discussion ne savait à qui se prendre ; aujourd'hui ce n'est pas la connaissance qui lui manque, c'est la liberté peut-être : tâchons du moins que ce ne soit pas le courage.

Sous la constitution qui nous régit, le gouvernement tout entier est concentré dans la personne de l'Empereur. Tous les actes du gouvernement sont des actes de l'Empereur même. Les lettres impériales n'ont, à cet égard, aucun privilége. Si la discussion est permise sur les actes du gouvernement, comme on nous en a donné tant de fois l'assurance, elle doit être permise sur les lettres impériales comme sur tout autre document officiel ; la forme seule peut différer. Un peu plus de solennité d'un côté doit imposer un peu plus de réserve de l'autre ; c'est une condition qu'il ne nous est pas difficile de remplir.

Au demeurant, la lettre impériale, qui est sous nos yeux, n'est ni la première ni la seule communication du même genre émanée du même trône, depuis que les armées françaises, franchissant les Alpes, ont fait lever sous la poussière de leurs pas la question qui émeut si vivement l'Europe. Il en est d'autres, et très-nombreuses, qui se sont succédé rapidement et qui correspondent dans leur succession aux périodes diverses que la question elle-même a tour à tour traversées. Il n'est point sans intérêt ni sans instruction de passer rapidement en revue et ces périodes mêmes et les paroles officielles qui en ont caractérisé les différences et marqué les progrès.

La première de toutes a été celle qu'on pourrait appeler la période des espérances et des promesses. Dans l'ardeur d'une expédition annoncée sous les plus brillants auspices, on promettait alors (qui ne se le rappelle ?) tout ce qui était demandé et même ce qui ne l'était pas : aux Italiens la liberté complète de leur patrie et une fédération d'États dont tous n'éprouvaient pas le désir; au pape, le maintien de tout son pouvoir et une présidence des futurs confédérés dont il n'avait jamais réclamé le fardeau. L'Italie devait être libre jusqu'à l'Adriatique : toutes les murailles en portaient l'assurance souscrite du seing impérial. Le pape serait conservé dans l'*intégrité* de tous ses droits temporels. Toutes les voûtes des églises retentissaient de cet engagement signé du confident attitré de la pensée souveraine. Devant de telles assertions le doute que quelques-uns s'obstinaient à concevoir était considéré comme un outrage, et on leur enjoignait de cesser d'être inquiets sous peine de devenir factieux. Des mandements épiscopaux, qu'on n'empêchait pas les journaux de reproduire, envoyaient acte de la parole donnée dans les moindres paroisses de France ; mention en était faite au début de toutes les prières. Si les serments des hommes sont reçus dans le ciel, jamais aucun ne lui fut porté par tant de bouches à la fois.

On sait ce qui est advenu : la rencontre de fortes citadelles en Vénétie et l'apparition précisément aussi inattendue d'éléments révolutionnaires en Italie ; la guerre subitement arrêtée ; la paix plus subitement conclue. L'Italie ne put être libre tout entière, et l'intégrité des États du pape fut entamée par l'insurrection. Les promesses ne se trouvant remplies envers personne, on les remplaça par des conseils qui furent également offerts à tout le monde : conseil aux Italiens de renoncer à toute tentative d'unité exagérée et de rentrer de bonne grâce sous l'autorité de leurs princes déchus ; conseil au Piémont de renoncer à la poursuite d'annexions exorbitantes ; conseil à l'Autriche de relâcher la dureté de son joug en Vénétie et d'ouvrir ses citadelles à des troupes italiennes ; conseil au pape de désarmer ses sujets par l'offre de concessions faites à leurs vœux supposés. Chacun de ces avis différents eut sa dépêche officielle et même son épître autographe.

Les conseils ont eu le même sort que les promesses. Comme les unes n'avaient pu être tenues nulle part, nulle part aussi les autres ne furent agréés. Les Italiens ne firent pas mine un seul instant de se prêter au retour des autorités renvoyées, dussent-elles revenir les mains pleines de toutes les réformes et de toutes les constitutions possibles. Le pape ne jugea point convenable d'offrir à ses sujets insurgés des concessions refusées d'avance. Tout se traînant ainsi dans l'incertitude, c'est la politique française qui a dû faire un pas de plus. La période des conseils avait succédé à celle des promesses : elle est remplacée aujourd'hui par celle des exigences et des sacrifices.

Seulement voici la différence : hier encore on parlait à tout le monde ; aujourd'hui c'est au pape seul qu'on s'adresse. C'est lui, et lui seul, qui doit liquider à ses dépens les frais de la succession embrouillée qu'ont laissée derrière elle une guerre qui a tout ébranlé et une paix qui n'a rien raffermi. Sous une forme polie, discrète, mais claire, aisément intelligible, la lettre du 31 décembre, s'il faut en croire plusieurs de ses commentateurs de la presse, est une sommation respectueuse adressée au pape de sacrifier ce qu'il a perdu, sous peine de perdre ce qu'il possède. Par cela même que la garantie de provinces encore soumises à l'autorité du saint-siége n'est accordée qu'en échange du sacrifice de provinces insurgées, il est très-évident, de leur aveu, que le refus du sacrifice doit entraîner la perte de la garantie ; c'est à prendre ou à laisser. Au début de la crise, tout était promis sans condition : huit mois à peine écoulés, on offre en échange d'une perte certaine une caution conditionnelle.

Ainsi avons-nous marché de jour en jour et d'heure en heure, précipitant ou suivant les événements ; poussant les révolutions devant nous, ou poussés par elles. Chacune de nos stations n'ayant duré que quelques semaines, il est possible que très-peu de temps s'écoule avant que nous arrivions à la dernière, à celle qui mettra définitivement en cause le pouvoir temporel tout entier.

Les faits, en effet, comme le dit très-bien la lettre impériale, ont une logique inexorable : et même, il faut leur rendre cette justice, que, tout bons logiciens qu'ils soient d'ordinaire, ils n'ont jamais ni mieux ni plus sûrement raisonné que depuis huit mois. Aussi n'a-t-il pas été nécessaire un seul instant d'être prophète pour prévoir leur cours ; il a suffi, il suffit encore de savoir tirer les conséquences d'un syllogisme. Il était parfaitement, logiquement certain que la guerre entreprise en Lombardie serait suivie d'une insurrection immédiate dans les États pontificaux. Il était parfaitement, logiquement certain que l'insurrection, provoquée par la guerre et victorieuse par la force, ne céderait point devant la raison et ne s'arrêterait point devant les prières. Il était parfaitement, logiquement certain que l'entreprise de concilier non-seulement les vœux, mais les fantaisies passionnées des Italiens avec tous les droits du saint-siége, aboutirait à une contradiction insoluble, et que des promesses contradictoires faites à des parties opposées conduiraient à se démentir nécessairement. Il n'était pas si sûr, mais il était malheureusement trop probable que dans cette alternative le choix des sacrifices tomberait sur celle des parties qui n'avait pour elle ni force armée, ni force populaire, ni insurrection, ni citadelle. Il n'est pas moins certain, toujours au nom de la même logique, que la proposition faite aujourd'hui au saint-siége, qu'elle soit acceptée ou non, enfantera dans un délai très-court une atteinte radicale à tout le pouvoir temporel de la papauté.

Comment éviterions-nous, sur la pente où nous marchons, de franchir ce nouveau pas ? La lettre impériale demande au saint-père une concession en lui offrant une garantie. La concession compromet tout : la garantie ne répond de rien. Les insurgés de Bologne se sont soulevés non pour des griefs, ni au nom de droits à eux particuliers, mais au nom d'un principe général, au nom d'une incompatibilité prétendue entre le pouvoir pontifical et l'ordre social des temps modernes; principe répété par toute la presse anticatholique d'Europe, amplifié, commenté avec additions de développements doucereux et oratoires, par l'opuscule qui a servi d'éclaireur à la lettre impériale. S'il est vrai aujourd'hui, ce principe sera vrai demain; s'il est vrai à Bologne, il est vrai à Rome ; incapable de gouverner sur l'Adriatique, le pape ne peut être capable de gouverner sur la Méditerranée. Dans l'état des choses, après ce qu'on lui a dit, et au bruit de tout ce qui se proclame en Europe, ce n'est point la concession d'une province qu'on lui demande, c'est l'aveu de son indignité; c'est son jugement d'interdiction qu'on lui propose de souscrire, et l'arrêt sera exécutoire partout où s'élève encore l'écusson de la tiare et des clefs.

Reste la garantie promise au nom de l'Europe, promise seulement, et déjà refusée par l'Angleterre. Mais, à moins que la langue ne contienne un vocabulaire d'assurances jusqu'ici inconnu, comment s'y prendre pour que cette garantie soit plus explicite et plus positive que celle que la France avait naguère, non pas promise une fois, mais cent fois donnée, et qui n'a pourtant rien empêché ? Comment le débris des États pontificaux serait-il mieux protégé par l'espérance d'une promesse diplomatique que l'intégrité n'a pu l'être par la réalité d'une parole impériale ? Qui garantira cette fois les garants et la garantie ? Qui défendra le saint-siége contre la chance des scrupules tardifs, contre l'autorité supérieure des faits accomplis, contre tous les prétextes de résiliation tirés de ces cas fortuits que tout le

monde avait prévus? Quoi! en déchaînant l'orage on avait juré de
préserver de tout péril le navire qui portait le successeur de Pierre :
le naufrage est arrivé sous vos yeux, contre l'écueil même que le
moindre pilote vous indiquait. Quelle foi voulez-vous désormais qu'in-
spirent tous les contrats d'assurances? Direz-vous que ce n'est pas
la France seule, mais l'Europe entière qui promettra? Ah! je ne
fais pas à la France l'injure de croire que la promesse de l'Europe
soit plus sincère et plus efficace que la sienne.

Point de doute, par conséquent point d'illusion possible; arrivés
maintenant sur le dernier rebord du fossé, nous en pouvons mesurer
la profondeur. Ce n'est pas tel genre d'exercice ou telle partie du domaine du pouvoir temporel de la papauté qui est en question. C'est
le pouvoir temporel tout entier, dans son principe le plus général et
dans la moindre de ses applications. Ainsi aggravé, le débat pourtant
s'élève et s'éclaircit. Tout ce qui avait pu troubler l'esprit ou arrêter
les efforts de quelques-uns, même parmi les catholiques : le scrupule
de venir en aide à de regrettables abus, le désir de hâter de souhai-
tables réformes, le souvenir des extensions ou des réductions successives qu'a pu recevoir l'État de l'Église ; la crainte de confondre
ce qui doit durer avec ce qui passe et ce qui change, toutes ces consi-
dérations, concevables encore il y a peu de mois, se dissipent aujour-
d'hui sous l'impérieuse et croissante clarté des événements. C'est tout
le pouvoir humain de la papauté; c'est cet édifice fondé par le temps,
sorti sauf de tant d'usurpations despotiques et de tant de révolutions
populaires, consacré par l'hommage de tous les génies politiques de
l'Europe, et à l'ombre duquel la conscience de tant de millions d'âmes a
vécu libre pendant dix siècles : c'est là ce qui est atteint à la base
et menace de s'écrouler aujourd'hui. Il ne s'agit plus de savoir si le
chef de l'Église gouvernera de telle façon ou commandera à telles per-
sonnes ; il s'agit de savoir s'il descendra du rang de souverain pour
n'avoir plus à choisir qu'entre la condition de sujet et celle de proscrit.

Comment se posera cette question suprême? D'où naîtra, d'où
viendra le dernier péril? sera-ce du fait ou de la permission de la
France? Sa part à l'inévitable crise sera-t-elle directe? Fera-t-elle in·
tervenir ici ce fameux congrès, toujours annoncé, toujours renvoyé,
fantôme impuissant qu'on évoque et fait rentrer dans l'ombre à volonté, auquel on remet toutes les difficultés du lendemain et dont le
jour n'arrive jamais? Laissera-t-elle propager sans obstacle jusqu'aux
portes du Vatican le mouvement dont la guerre d'Italie a été le
signal?

Je l'ignore, je ne sais quelle résolution succédera au refus certain
d'une proposition inacceptable.

Mais j'avoue qu'ici le moyen me touche fort peu; les distinctions ont peu d'importance, le résultat seul a quelque prix à mes yeux, et en aurait, je crois, aux yeux de l'histoire. Que la France détruisît ou laissât tomber, en retirant sa main, le pouvoir temporel du saint-siége devant les passions qu'elle a mises en liberté, peu importerait, en vérité. Dans certaines situations et pour certains peuples, faire et laisser faire sont exactement la même chose. Qu'on dirige le flot ou qu'on lâche l'écluse, si l'inondation survient, on n'en sera pas moins responsable et probablement pas moins victime.

Non, la France, étant ce qu'elle est, pouvant ce qu'elle peut, et après tout ce qu'elle a fait, ne sera jamais ni sincèrement ni impunément neutre, dans un débat engagé à ses portes entre ses alliés d'hier et le chef de son Église ; si elle n'est pas avec la papauté, elle sera contre elle. Quand on est la France et qu'il s'agit du pape et de l'Italie ; de plus, quand on a conduit deux expéditions en dix ans, l'une sur le Tibre, l'autre sur le Pô ; l'une pour rétablir une autorité méconnue, l'autre pour renverser des autorités existantes ; quand on tient ici une garnison et là une armée ; quand on s'est mêlé de tout et chargé de tout ; quand on a tantôt provoqué, tantôt retenu les populations ; quand on a pris les destinées d'un pays à son compte et placé ses passions sous son égide, on n'a plus le droit, si on l'a jamais eu, de se ranger pour laisser passer les événements ; on est responsable de tout, quoi qu'il arrive. Quand on a mis dans une balance, déjà par elle-même très-instable, le poids d'une main armée, si on la retire subitement et que le fléau trébuche, dira-t-on qu'on n'a rien causé ? A quoi servirait d'ailleurs de vouloir être neutre dans une question qui ne l'est pas ? Il est des questions de telle nature, qu'on ne leur échappe pas à volonté, on y est engagé malgré soi ; quand on se recule devant elles, elles vous suivent et vous atteignent. La question du pouvoir temporel de la papauté est de cet ordre. Une grande nation, située en pleine Europe, avec trente millions de catholiques dans son sein, ne peut y rester étrangère ; quelque indifférence qu'elle affecte, ou qu'on lui conseille, tôt ou tard, et plus tôt que plus tard, il faudra bien qu'elle s'en émeuve ; car, dès que cette question s'ébranle, elle touche au point sensible la stabilité des gouvernements, l'indépendance des citoyens, le repos de tous les intérêts et la liberté de toutes les consciences.

Faut-il le dire ? Il y a quelque chose de plus affligeant peut-être encore que les incertitudes de notre politique : ce sont les aveuglements volontaires par lesquels, à la veille de grandes crises, les hommes, les sages même de notre temps, pour se décharger d'un souci qui les gêne et se dispenser d'un acte de courage, se mettent de gaieté de cœur à oublier tout ce qu'ils ont appris et à méconnaître tout ce qu'ils savent. Qui aurait pensé, je ne dis pas il y a dix ans, mais il y a un an, mais il y a six mois, qu'il fût besoin de démontrer, en France, aux gens de bon sens, la nécessité de l'existence d'une souveraineté temporelle assurant l'indépendance de la papauté, pour maintenir, au sein d'une Europe divisée, un équilibre entre les nations catholiques, et au sein de chaque peuple la liberté des intérêts spirituels ? C'était là un axiome de politique, à peine contesté par quelques rêveurs, mais que ne discutait seulement pas quiconque prétendait posséder la moindre pratique des affaires. Il n'était pas nécessaire d'être dévot, il suffisait d'être sensé pour l'affirmer. En 1849, au sein d'une majorité législative où siégeaient côte à côte des juifs, des protestants, des catholiques, des fils de la Révolution et des vétérans de l'ancien régime, de vieux défenseurs du pouvoir et d'obstinés champions de la liberté, pas une voix n'avait réclamé contre cette vérité de raison, pas une dissidence ne s'était fait jour. Et aujourd'hui, parce qu'un tourbillon s'est élevé, parce qu'une complication s'est rencontrée et qu'il y a un obstacle sur la voie, il se trouve des gens à prétention de sagesse et des publicistes soi-disant conservateurs pour nous enseigner d'un ton doctoral que l'expérience des siècles s'était trompée en attachant la moindre importance à cette pièce jusque-là regardée comme essentielle et principale de l'édifice européen. Il nous faut apprendre de leur bouche que ce que nous avions été élevés, instruits par eux-mêmes ou par leurs maîtres, à considérer comme une question d'ordre public et de liberté universelle, n'était qu'un débat insignifiant, qu'on peut laisser vider sans inconvénient en champ clos entre Saint-Pierre et le Vatican par la souveraineté des peuples aux prises avec celle de l'Église. Cela s'appelle, dans un langage nouveau, laisser l'Italie faire ses affaires. Il est entendu dorénavant qu'il n'y a d'intéressés ici que des Italiens, et tout au plus quelques ardents et aveugles catholiques. Ces théories se font jour dans des journaux indépendants, le lendemain des brochures anonymes et la veille des lettres impériales, et s'offrent officieusement à la politique officielle.

On peut dire et écrire tout cela : on a dit et on a écrit tant de choses en France! On peut même le faire croire à des esprits dévoyés, à des raisons étourdies par tant de révolutions successives et qui tiennent d'ailleurs à s'apercevoir le plus tard possible, pour s'émouvoir le moins possible des périls qui les menacent. Je ne donne pas deux mois aux événements, s'ils arrivent comme on le prédit et comme on le souhaite, pour avoir démontré aux plus incrédules qu'il y a autre chose ici d'engagé que des Italiens et des catholiques. Dans la catastrophe qui menace, ce ne sont là ni les seuls ni les principaux intéressés; ni les uns n'ont rien exclusivement à y prétendre, ni les autres rien de particulier à en craindre.

Le ciel voit la sincérité de mon cœur quand j'affirme qu'il ne s'y

est pas élevé un seul jour, depuis un an, un vœu qui ne fût en faveur
de la noble cause de l'indépendance italienne. Je ne suis point de ces
prophètes de malheur qui, contestant aux Italiens le droit d'exister,
n'ont cessé de leur prédire le retour des mêmes souffrances en pu-
nition des mêmes fautes. J'espère au contraire, du fond de mon âme,
que la légitimité de leurs vœux et la persistance de leurs efforts ont
enfin trouvé grâce devant la sévérité prolongée des arrêts de la Providence. Je ne sais rien d'ailleurs de plus respectable et de plus tou-
chant qu'une nation qui ressuscite. C'est une bonne fortune qui n'arrive qu'aux nations chrétiennes, à celles que Dieu, comme dit l'Écriture,
a faites perpétuellement *guérissables*. Mais on ne peut ressusciter que
comme on a vécu, dans les mêmes conditions de prospérité et de vie,
et aussi avec les mêmes charges de conscience et d'honneur. Or, jamais
à aucune époque de l'histoire de l'Italie, dans l'esprit d'aucun de ses
grands hommes, dans le calcul d'aucun de ses politiques, dans l'es-
poir d'aucun de ceux qui, pendant ses jours d'oppression, ont souf-
fert et vécu pour elle, Rome et la papauté souveraine n'ont été consi-
dérées comme des propriétés dont l'Italie pût disposer à sa fantaisie.
Rome est un dépôt que la Providence lui a confié : ce n'est point un
bien qui lui appartienne. Rome n'appartient qu'à l'humanité dont elle
a été deux fois mère et deux fois maîtresse. Ainsi ont toujours pensé,
de nos jours et jusqu'à hier même, les enfants les plus dévoués de
l'Italie.

Le bonheur de ma jeunesse m'a fait descendre, par exemple,
dans les profondeurs mêmes de l'âme d'un grand, peut-être du
plus grand Italien de nos jours. J'ai vu de près l'illustre Rossi,
bien avant que sa fin eût fait comprendre de tous et apprécier sa vie.
Sous le manteau de l'ambassadeur de France, j'ai senti battre le
cœur de l'Italien. Attaché à sa patrie adoptive par la reconnaissance
et le devoir, il conservait toujours pour l'Italie l'instinct de la nature
et le mouvement du sang. Combien de fois, dans cette redoutable an-
née qui a précédé l'ébranlement du monde, au bruit de la Péninsule
frémissante et de l'Europe chancelant sur ses bases, m'a-t-il été donné
de m'entretenir avec lui sur les rapports de cette Italie qui lui avait
donné le jour, de cette France qui avait réparé ses malheurs et de
cette papauté à qui il devait offrir sa mort ! J'atteste que, si dans le
cours de ces entretiens quelque tiers, survenant, fût venu lui dire que
l'existence souveraine de la papauté était une question exclusivement
italienne, dont l'Italie seule devait connaître et où la France n'eût
rien à voir, toutes ces belles choses, eussent-elles été accompagnées,
comme aujourd'hui, de propos légers et de grâces sautillantes, n'eus-
sent pas même obtenu de lui une réponse. Je crois le voir d'ici
lancer sur ces agréables railleurs un de ces regards froids qui décon-

certaient la légèreté tranchante ; je crois voir passer sur ses lèvres ce dédaigneux sourire qui ne l'a pas quitté dans la mort.

Non, parce que le souffle qui a porté l'Évangile à travers le monde a déposé sur la colline du Vatican le germe de la souveraineté pontificale, l'Italie n'a pas le droit, aujourd'hui que l'arbre est séculaire et que tant de nations chrétiennes, assises à son ombre, seraient atteintes par ses ruines, d'en saper la base ou, ce qui reviendrait au même, d'en mutiler les racines et d'en détourner la séve. La question n'est donc pas exclusivement italienne, mais elle n'est pas davantage exclusivement catholique. On fait aux catholiques de France l'honneur de beaucoup s'occuper d'eux en cet instant. Les uns les raillent, les autres les outragent, ceux-ci demandent qu'on les persécute, d'autres leur apportent des consolations dédaigneuses, assaisonnées de récriminations blessantes. Personne ne me paraît comprendre le véritable état de leurs sentiments. On dit qu'ils sont émus, surpris, ébranlés. Émus : sans contredit ! Comment ne le seraient-ils pas des inquiétudes du Père commun des fidèles, des épreuves possibles, des injures présentes, de la lutte instante entre leur patrie et l'Église ! Surpris : pour quelques-uns, c'est possible. Il en est, et en très-grand nombre, qui s'étaient endormis au murmure de paroles flatteuses, sur la foi d'une protection humaine, que les premiers grondements de l'orage n'ont même pas réveillés et qui, pendant leur sommeil, se sont laissé ravir toutes leurs armes de défense. Ceux-ci peuvent être surpris ; mais d'autres, je le garantis, ceux-là même à côté de qui je parle ici, n'ont point éprouvé de surprise : n'ayant jamais dormi, ils n'ont pas eu besoin de se réveiller. Quant à être ébranlé, j'ose dire que cela n'est vrai pour personne. Et de quoi seraient-ils ébranlés ? En quoi, en effet, l'épreuve qui s'annonce les ébranlerait-elle dans le fondement même de la confiance chrétienne ? Est-ce qu'il y en a un seul qui croie la foi menacée et l'Église ruinée, parce que le pouvoir temporel serait momentanément suspendu ? En vérité, je ne puis m'empêcher de sourire quand je vois des apprentis en histoire ecclésiastique s'efforcer gravement de convaincre les catholiques que le pouvoir temporel n'est point essentiel au pouvoir spirituel, que son existence n'est pas de foi ni son origine contemporaine de la papauté elle-même. Continuez, ai-je envie de leur dire : vous vous arrêtez trop tôt en si beau chemin ! Vous nous dites comment la papauté est née ; nous vous dirons comment elle a vécu. Elle est née dans la pauvreté ; elle a vécu dans les traverses. Vous nous menez de la crèche aux catacombes ; nous vous conduirons de Salerne à Savone, entre les tombeaux et les prisons des papes proscrits. La papauté a passé son temps à être chassée de Rome et à y revenir, à y être assiégée et délivrée. Une fois de plus, ce n'est vraiment pas la peine d'en parler.

Mettons que cette fois l'exil fût plus long et le divorce plus profond ; qu'en résulterait-il ? la continuité d'une grande injustice, beaucoup de gêne, des communications difficiles entre les pasteurs et les fidèles, une action irrégulière et violente des souverains politiques sur le pontificat sans défense, l'oppression plus facile, et par là peut-être la faiblesse plus fréquente ; graves inconvénients, et que nous ne sommes point assez superbes pour dédaigner. Rien pourtant, dans tout cela, qui atteignît la durée de l'Église ou l'intégrité de la foi. Tout ce qui est temporairement menacé n'est rien auprès de ce qui est éternellement garanti. Non, vous ne savez pas, vous ne pouvez pas savoir combien ces orages passagers de la surface se font sentir peu avant dans les profondeurs de nos croyances ; vous ne savez pas, vous ne pouvez pas savoir combien ce qui touche le bord de la robe sans tache flottant sur la terre est loin encore de la tête auguste qui se perd dans les nuages. Quand vous nous dites insolemment de mieux distinguer l'ordre temporel de l'ordre spirituel, c'est vous qui ne savez pas et qui ne pouvez pas savoir ce que cette distinction est pour nous, et combien les agitations du temps sont loin d'ébranler les convictions qui tendent à l'éternité.

Mais, si ce ne sont ni les Italiens ni les catholiques qui ont ici exclusivement et principalement le droit de se faire entendre, qui est-ce donc qui est vraiment intéressé, qui est-ce qui a sujet d'être effrayé, et qui est-ce qui doit l'être ? Ah ! je vais vous le dire. Ce sont tous ceux, catholiques ou non, qui ouvrent leurs yeux de sang-froid sur l'état présent de l'Europe et de la France, au lieu de les détourner par étourderie et de les fermer par prévention. Ce sont ceux qui la voient, cette vieille Europe, toute divisée contre elle-même, ayant perdu toutes ses ancres et toutes ses boussoles, travaillée par ses dissensions intestines, et prête à devenir tour à tour ou la proie des factions ou le jouet de l'ambition. Ce sont ceux qui la voient, cette France mobile, à la fois pleine d'orages et lasse de révolutions, et, dans la défaillance de ses règles morales, prompte à servir la force sous ses formes diverses, despotiques ou populaires. Ce sont ceux qui, ayant vu tout cela, considèrent, ne fût-ce qu'en apprécia- . teurs indifférents, ce qu'est la papauté dans le monde, quels principes s'y rattachent, combien de consciences et d'idées se groupent autour d'elle et ne trouvent pas qu'il soit ni si plaisant ni si simple de déplacer de sa base cette masse imposante, pour la jeter ensuite au hasard, à droite ou à gauche, sur les flancs ballottés du navire qui porte la société moderne. Ce sont ceux qu'intéresse, au dehors, l'équilibre relatif des États, et parmi nous le maintien d'une autorité morale, indépendante, en face du plus grand développement qui fût jamais de force matérielle. Pour se ranger parmi ceux-là il n'est pas nécessaire, mais il n'est pas défendu d'être catholique.

Il n'est pas nécessaire d'être catholique, il suffit d'être Français, pour se poser avec effroi cette alternative : Si le pape n'est pas souverain à Rome et souverain avec toute la plénitude et toutes les ressources de la souveraineté, il faut qu'il dépende de quelqu'un : ce sera donc de nous ou d'autrui. Or ni l'une ni l'autre de ces sujétions ne plaît ni ne rassure. L'une, si elle était possible, inquiéterait le patriotisme ; l'autre menace le point le plus délicat et le plus sensible de ce qui survit encore parmi nous, de liberté morale.

Que l'amoindrissement de la papauté dût la jeter dans la sujétion et sous la dépendance d'une autre puissance que la France, nous ne voulons pas même le supposer. Ce serait un résultat trop étrange d'une guerre entreprise pour l'émanciper (on nous l'a dit) de l'influence autrichienne. Dans les divisions de l'Europe, dans l'incertitude de ses alliances, avec toutes les chances de son avenir, qui est-ce qui voudrait mettre d'un autre côté que celui de la France, sinon la force prépondérante, au moins l'appoint considérable dont la papauté dispose? Si le pape n'était plus indépendant à Rome, qui est-ce qui voudrait qu'il fût placé sous une autre main que la nôtre ?

Mais alors voici ce qui m'alarme : la main de la France, elle est très-forte au dehors : elle est plus forte encore au dedans. C'est la main d'un pouvoir immense, que dix révolutions, chose étrange ! ont successivement accru : pouvoir très-différent de toutes les vieilles autorités de l'Europe qui vivent de traditions et de souvenirs, et dont les débris s'écroulent à chaque souffle des temps nouveaux : pouvoir retrempé, au contraire, dans les eaux populaires, et porté dans les flancs de la société moderne. A ce pouvoir, l'administration donne mille bras et la centralisation une seule tête. Il a une armée incomparable qu'il peut jeter à volonté à droite et à gauche. Sa pensée vole avec la rapidité de l'éclair, et ses canons vont atteindre ceux mêmes qui n'en entendent pas le bruit. Une combinaison savante de vieilles et de nouvelles lois a mis entre ses mains toutes les sources et tous les freins de l'activité sociale : la justice, la publicité et la richesse. A ce pouvoir, je ne connais qu'un seul égal, qui est en même temps un supérieur, c'est celui de l'Église catholique. Sur la surface de la France, je ne conçois qu'une seule autorité qui ne relève pas de lui, c'est l'Église. Je ne connais qu'une seule porte dont il n'ait pas la clef, c'est celle de la prière et de la conscience. Conçoit-on pourquoi il est grave, en face d'un tel pouvoir, d'amoindrir, fût-ce d'une ligne, la seule tête qui soit de niveau avec lui, et qui puisse le regarder en face? Conçoit-on quel danger il y a à lui donner une prise nouvelle sur le représentant du seul domaine où il n'ait pas encore pénétré? Cela est grave surtout pour ceux qui n'ont pas foi dans les promesses faites à l'Église, qui ne connaissent pas le ressort intérieur qui la soutient et qui peuvent craindre de la voir, si on tentait de l'asservir, faillir et s'affaisser sous l'épreuve.

Nous savons, nous, que cela ne sera pas : vienne l'épreuve, elle trouvera tous les cœurs prêts. D'autres, au début de ce siècle, l'ont déjà connue et l'ont traversée. Dépouillée, l'Église ne s'est pas laissé enchaîner. Elle a résisté, et sa résistance a été le signal du triomphe de l'esprit sur la matière, et de la conscience sur la force.